MAURICE BLOCK

Membre de l'Institut.

———

Aphorismes Politiques

et Moraux

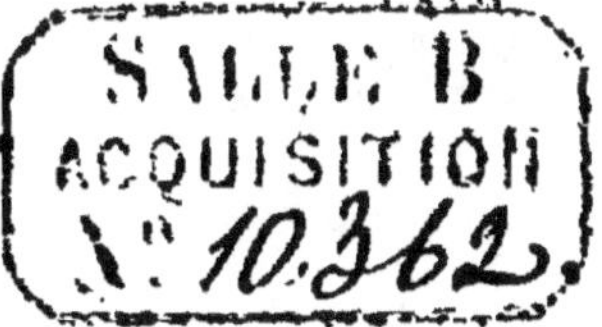

———

PARIS

MAI 1900

APHORISMES
Politiques et Moraux

L'expérience est une école où le maître est toujours sévère, parfois brutal ; les élèves paient chèrement ses leçons : en profitent-ils toujours ?

* *
*

Qui a le plus de courage, celui qui affronte la mort avec calme, ou celui qui s'expose au ridicule pour accomplir une bonne action ?

— Le plus courageux de tous est peut-être celui qui résiste à une phrase en vogue.

*
* *

Force matérielle, force morale. Ce sont deux forces incommensurables, qui réagissent, néanmoins, l'une sur l'autre. L'une obtient ses effets par la puissance, l'autre par sa ténacité.

*
* *

Pourquoi parle-t-on de nos jous moins de *self-help* et d'initiative ?

Parce qu'on préfère de plus en plus être heureux aux frais des autres.

*
* *

La mode force parfois les femmes à porter des vêtements qui les enlaidissent.

De même, bien des hommes qui ne manquent ni de savoir, ni de jugement sont amenés à soutenir des opinions qu'ils auraient préféré combattre.

Cela s'appelait autrefois : hurler avec les loups ; aujourd'hui on dit : se laisser porter par un courant d'opinion.

*
.

Le socialisme se comporte de plus en plus comme une religion. Les fidèles sont pleins de foi et se laissent conduire par les prêtres du nouveau culte, sans chercher à approfondir les doctrines qu'on leur enseigne.

Qu'ont-ils d'ailleurs à approfondir ? Les nouvelles doctrines sont plus intelligibles que les anciennes et les promesses paraissent d'une réalisation plus proche : ne vous laissez pas leurrer, leur dit-on, par les biens du ciel, que personne n'a vu, joignez-vous à nous et vous aurez les biens de la terre qui sont réels ; on en jouit sous vos yeux sans que vous en ayez eu votre part.

⁕
⁕ ⁕

Il y a des gens qui méritent le paradis pour leurs intentions et l'enfer pour leurs actes.

⁕
⁕ ⁕

Le méchant atteint son but plus souvent que le bon : on craint le méchant et on le ménage, on cherche à se le concilier ; le bon, on le méprise souvent, on le traite de « bonhomme ».

⁕
⁕ ⁕

Instinct et individualité sont des termes qui s'excluent.

⁕
⁕ ⁕

Le sentiment se révolte en face des mots impliquant une fatalité, comme *jamais, tou-*

jours ; on veut espérer quand même. De là le succès de plus d'une croyance, de plus d'une doctrine.

*
* *

Nos amis ne sont pas si anges, ni nos adversaires si diables qu'ils en ont l'air ; et nous, sous quelle rubrique nous classera-t-on ?

*
* *

Nous aimons mieux compter sur les institutions que sur les hommes.

*
* *

Il est un art de mentir qui consiste à dire la vérité... c'est de la dire quand personne ne voudra y croire.

*
* *

Il est cependant dangereux de séparer un principe de son mode d'application.

Il est plus dangereux encore d'accepter *en principe*, quitte à se mettre d'accord sur les voies et moyens. On ne sait pas d'avance jusqu'où on sera entraîné lors de leur discussion.

On a déjà « adopté en principe » des mesures qu'on s'est trouvé dans l'impossibilité de réaliser.

*
* *

Quand on n'a pas de principes, peut-on avoir de la conscience?

*
* *

Les législations changent, la nature humaine reste.

*
* *

L'*expérience de la vie*, c'est la découverte d'un nombre croissant de cas où l'égoïsme prend le masque de l'altruisme.

* *

L'homme a un penchant natif pour la société; mais il veut en jouir et non se sacrifier pour elle.

* *

Il n'est pas permis de revendiquer un droit si l'on n'offre un devoir en échange.

* *

Si la société pouvait offrir assez de jouissances pour que tout le monde en fût rassasié, il n'y aurait plus ni morale, ni progrès, car personne ne tiendrait à faire les efforts que l'une et l'autre comportent.

* *

Trois fictions sont indispensables à la conservation sociale :

Tout le monde est *censé* connaître la loi ;

Tout le monde est *censé* savoir le mieux ce qui lui convient;

Tout le monde est *censé* libre et responsable (jusqu'à la preuve authentique du contraire).

⁂

La loi naturelle n'est respectée que par la raison, la passion brave tout, comme la folie.

⁂

Il en est souvent de la théorie comme de de la boussole : elle dévie. En pareil cas, les observations de la pratique servent à en rectifier les indications.

Et de même qu'un navire en fer fausse la boussole, la passion altère la théorie.

⁂

S'il n'existe pas de lois, de principes, de

vérités au-dessus des règles applicables à une époque déterminée, il faut renoncer à toute science ; il n'y a plus qu'un savoir empirique, comme l'acquiert tout homme dont les yeux restent ouverts pendant une série d'années. C'est pour la science un

To be or not to be.

*
* *

Dédaigner la théorie, c'est oublier qu'elle recherche les rapports nécessaires, pour les avoir nettement à l'esprit en rapprochant les causes de leurs effets. Lorsque ces rapprochements ont été correctement opérés, nous sommes en état de prévoir bien des conséquences.

*
* *

Le libéralisme est la plus noble expression d'une civilisation avancée, il est seul à

reconnaître qu'il y a « des libertés nécessaires », ou du moins, sa liste de ces libertés
est la plus longue et la mieux motivée. Le
libéralisme facilite tous les progrès.

Ses adversaires sont: le despotisme, le
jacobinisme et le fanatisme sous toutes ses
formes.

On ne doit pas confondre le libéralisme
avec le scepticisme, ni — pour le gouvernement — avec la faiblesse. Le libéralisme
n'est nullement inactif, il n'est pas non plus
indécis, il agit quand c'est son devoir d'agir,
il est seulement respectueux de la liberté
d'autrui.

D'où vient que le libéralisme perd du ter-
rain ? Sans doute parce que le nombre de ses

adversaires a augmenté depuis que le socialisme compte en politique.

Ce ne sont pas tant les socialistes eux-mêmes qui ont rétréci le domaine du libéralisme, que leurs protecteurs... et leurs protégés intéressés. Ces protecteurs sont les plus dangereux adversaires du progrès car ils ne savent pas distinguer le désir des jouissances des aspirations au progrès. Ces réformateurs mal inspirés sont tout prêts à troquer la liberté contre le plat de lentilles demandé par des gens qui voudraient éviter la peine de les produire.

*
* *

On lit dans le *Journal officiel* du 13 mai 1880 : « Les abus sont la rançon de la liberté ». (Marcou).

La rançon ? C'est la mort qu'on aurait dû dire.

On avait, jusqu'alors, demandé la liberté

pour se prémunir ou se garantir contre les abus.

* *

Les masses, le « grand nombre », ne comprennent que les extrêmes, il faut un esprit très cultivé pour distingner les nuances et se complaire dans les subtilités.

Par la même raison, si l'on veut assurer l'exécution d'une règle, il faut la rendre absolue.

C'est peut-être trop demander, mais est-ce le *trop* ou le *pas assez* qui est le plus dangereux?

* *

Pourquoi les discussions politiques produisent-elles si peu de conversions ?

C'est que généralement, personne ne donne ses vraies raisons.

En pareil cas, les arguments ne portent

pas, des deux côtés on s'escrime dans le vide.

* *
*

Sociologie. Il doit y avoir une sociologie et même une météorologie, car tout ce qui est dans la nature subit la loi des causes et effets. Seulement, il est douteux que les hommes arrivent jamais à en obtenir la vue d'ensemble nécessaire pour pouvoir les constituer en science.

Dans ces deux ordres de phénomènes, les faits ne se présentent généralement à l'observateur que par l'un de leurs côtés, et, dans la vie sociale surtout, la perception a lieu à travers des verres colorés de préjugés, de sentiments, de passions, quand les verres ne sont pas dépolis par l'ignorance.

*
* *

Superstition, c'est l'oubli des rapports nécessaires entre cause et effet.

Elle porte ses ravages jusque sur le domaine politique, car bien des électeurs n'ont pas des idées nettes sur ces rapports. Hélas ! nombre d'élus ne semblent guère plus avancés.

*
* *

Il sera toujours plus avantageux de répondre par de belles phrases que par de profondes vérités. Ces phrases chatouillent agréablement l'intelligence ou le sentiment des auditeurs, tandis que les profondes vérités ne sont souvent pour eux qu'un bruit sourd, souterrain qui les ennuie quand il ne les effraie pas.

*
* *

Le radicalisme ne consiste pas à s'en tenir à la lettre de la loi, mais à vouloir faire tout passer sous le même niveau ;

A ne pas tenir compte des différences de temps et de lieu ;

A dédaigner les tempéraments ;

A proclamer que la raison (sa raison) est tout, le sentiment rien.

*
* *

Certains radicaux, par leurs exigences envers les autres, se posent en hommes infaillibles.

Quant aux prétendus « intransigeants » ils se posent tout simplement en dieux, car il faut être tout-puissant pour ne pas être tenu de transiger.

*
* *

Nationalités. On verrait rarement des nationalités peu nombreuses lutter pour maintenir leur isolement, s'il n'y avait parmi elles des hommes qui aiment mieux être le premier dans leur bourgade que le deuxième dans la grande capitale.

C'est qu'il est plus facile d'être le premier

2

dans la bourgade que le deuxième dans la capitale.

***

Le critique, comme tout agresseur, a toujours un avantage sur son adversaire, il peut porter ses attaques sur les côtés faibles et éviter les côtés forts. Aussi ne doit-on jamais fonder un jugement définitif uniquement sur une critique.

***

Beaucoup de personnes traitent la politique comme la Bourse traite les valeurs de spéculation. Il ne s'agit pas de savoir si une affaire est bonne en soi, mais si elle a des chances de succès, de hausse.. ou de baisse, selon le cas.

***

On connaît le mot d'une ironie si sanglante : *Felix qui potuit rerum cognoscere causas.*

S'il est difficile de pénétrer les causes des événements est-ce une raison pour ne pas essayer.

Mais surtout qu'on pénètre réellement et ne se contente pas de rester à la surface.

*
* *

L'État est comme l'âme, on ne voit, en nature, ni l'un, ni l'autre. L'État se manifeste par le gouvernement, l'âme par le corps. S'il n'y avait ni corps, ni gouvernement, on n'apercevrait ni l'État, ni l'âme.

*
* *

Raisonner, c'est rapprocher les causes et les effets.

*
* *

L'éducation a trois sources : l'exemple,

l'instruction, la souffrance ; ces sources ne coulent pas simultanément et peuvent se suppléer.

*
* *

Quand l'auditoire partage les passions de l'orateur, celui-ci peut impunément raisonner faux, personne ne s'en apercevra.

*
* *

Manquer de défauts, c'est manquer d'originalité.

*
* *

Le bonheur dépend bien plus du *moi* que du *non-moi*.

*
* *

Pour beaucoup de personnes, la profondeur et l'exactitude sont du genre ennuyeux.

*
* *

Les mots sonores n'ont souvent pas d'autre destination que de cacher l'ignorance.
Ils sont sonores, parce qu'ils sont creux.

*
* *

Ce qu'on dit tout haut et ce qu'on pense tout bas, de combien cela diffère-t-il?

*
* *

Définition : Qu'est-ce qu'un intérêt politique? — Le plus souvent la satisfaction de l'égoïsme de quelques-uns.

*
* *

Les opinions modérées sont plutôt le produit de l'éducation, les opinions extrêmes celui du tempérament.

Les partis extrêmes sont plutôt faits pour détruire que pour construire.

*
* *

L'embarras des uns est souvent l'opportunité des autres. La langue allemande peut exprimer cela en deux mots : *Verlegenheit, Gelegenheit.*

*
* *

N'y a-t-il pas contradiction entre le principe généralement admis qui ne déclare criminel que le mal produit dans l'*intention* de nuire et l'usage de graduer la peine d'après le résultat plus ou moins grave du méfait?

C'est donc l'intention et non le résultat qu'il faudrait jauger.

*
* *

Les corps sont le plus souvent conservateurs — les partis aussi, quant à leurs doctrines et surtout quant à leurs intérêts.

L'esprit de corps est cependant d'ordre plus élevé, semble-t-il, que l'esprit de parti : c'est l'esprit de corps qui a inspiré le mot : Noblesse oblige ; l'esprit de parti impose la discipline (soumission) et la partialité envers les siens ; ce qui est l'injustice envers les autres.

*
* *

Pour beaucoup de gens la fin justifie l'acte, sinon le moyen. Le public tolère ce procédé dans la pratique, mais le sentiment général n'admet pas qu'on l'élève à la hauteur d'une théorie.

Bien des choses se font, mais ne s'enseignent pas, de crainte qu'on n'abuse de la permission.

*
* *

Il est peu de vérités qu'on puisse exprimer

sans phrases incidentes qui en réduisent la portée, car il n'y a presque rien d'absolu.

*
* *

On l'a déjà remarqué, l'ensemble des pièces de théâtre n'offre qu'un nombre assez restreint de situations différentes, c'est par les accessoires qu'on les varie.

De même pour les idées d'organisation politique ou sociale. Il ne suffit pas de dire : établissons ceci ou cela, il serait aussi facile de dire : faisons une promenade aux étoiles. Ce qui est difficile, c'est de trouver le moyen d'exécution, le succès, et pour une organisation, la durée.

*
* *

Un journal qui professe que toute sagesse, toute vertu émane du peuple, comment

peut-il avoir l'audace de vouloir l'ins-
truire?... il n'a qu'à s'effacer.

*
* *

Tel lait, telle crème. De même : les classes
élevées participent des défauts de la nation
dont elles font partie.

*
* *

Depuis le philosophe Aristote, jusqu'au
savant socialiste moderne Rodbertus († 1875),
bien des publicistes ont prétendu que l'esclavage a été — transitoirement — nécessaire.

On peut contester cette manière de voir. En
sa faveur on dit que l'esclavage a fait dimi-
nuer les massacres; qu'il a débarrassé l'intelligence des soins matériels, des travaux
manuels absorbants et lui a permis de
recevoir la culture nécessaire pour créer les
sciences; enfin, qu'il a rendu possible la créa-

tion d'œuvres d'une utilité majeure pour les survivants, en faveur desquelles personne ne se serait sacrifié volontairement.

N'arrive-t-on pas au même résultat par la division du travail?

On y arriverait, prétendent les sceptiques, s'il n'y avait pas des hommes qu'aucune rémunération ne peut exciter au travail.

*
* *

Les institutions s'altèrent avec le temps; en les créant, il est sage de prévoir cette altération et d'en tenir compte.

*
* *

La torture tend à prouver que le physique est plus fort que le moral.

*
* *

Quand on voit des gens hériter d'un million

et le dissiper, on comprend la nécessité d'un frein extérieur à nos volontés, à nos caprices.

*
* *

Tous les malades sont réactionnaires....ils désirent revenir à la santé.

*
* *

La volonté humaine ne plie que devant les obstacles physiques ou tangibles.... et deux obstacles moraux : la foi (religieuse ou politique) et le respect humain.

*
* *

Civilisation et prévoyance sont presque synonymes.

*
* *

Les formes et les fictions ont pour but de servir de frein. Elles y réussissent d'autant mieux qu'elles ont pu acquérir plus de prestige. Le comble serait de leur donner la force d'une superstition.

C'est qu'il n'y a que les limites tangibles, matérielles qui soient nettes et certaines; les limites purement morales ont du vague, elles seraient toujours dépassées sans les formes et les fictions destinées à nous les rendre sensibles.

*
* *

Comment arriver à rendre durable une organisation purement logique quand la logique de l'un diffère de celle de l'autre?

*
* *

On a mis la garde nationale gardienne de la constitution, tout en lui défendant de délibérer en armes? N'est-ce pas alors que

Prudhomme s'est écrié : « Ce sabre est le plus beau jour de ma vie ! »

*
* *

La souveraineté nationale, dans quelle mesure est-elle réelle, et où commence la fiction et même l'abstraction ?

*
* *

Est-ce à cette époque qu'on a dit pour la première fois « ma foi politique » ? Comme si la politique ne devait pas être avant tout un produit de la raison !

*
* *

Tous les jours, dit Tacite, la vie du peuple romain est le jouet des flots et des tempêtes, (Rome était nourrie alors par le blé importé). Aujourd'hui la moitié de l'Angleterre et le quart de plus d'un État continental est dans le même cas.

*
* *

On prétend que Napoléon Iᵉʳ avait pour principe de ne faire avancer que les hommes heureux, et à Guizot on attribue le mot : « Soyez fort, et on vous aidera » ; l'un montrait ainsi peu de confiance dans l'habileté, l'autre dans la justice humaine.

*
* *

Un auteur ayant mis sa philosophie à cheval sur le patriotisme, en a fait un cavalier qu'on n'ose pas attaquer de peur de blesser le noble coursier qui le porte. La philosophie échappe ainsi à toute blessure, mais peut-on en conclure qu'elle est invulnérable ?

*
* *

Au nom de la solidarité, les ouvriers qui

chôment demandent à ceux qui travaillent d'abandonner leur gagne-pain, mais la solidarité ne commanderait-elle pas plutôt à ceux qui chôment de travailler, afin que tout le monde ait de quoi vivre? —C'est *travailler*, et non *chômer*, qui est synonyme de *peiner*.

**
* **

Les ouvriers se mettent de plus en plus à demander l'impossible, de sorte qu'on n'ose plus leur offrir le possible.

Et ce qu'on leur offre est reçu maintenant de si mauvaise grâce, sans la moindre reconnaissance, qu'on est tenté de ne leur accorder que ce qui est strictement dû, surtout quand on ne leur demande pas leur voix.

**
* **

L'imagination est la faculté la plus précieuse, c'est la faculté créatrice : elle est nécessaire au poète, au philosophe, à l'homme d'État.

La mémoire est l'instrument le plus docile (1); il est d'ailleurs d'une utilité universelle.

La volonté est une force brute, puissante; elle fait indifféremment le mal et le bien, selon la direction qu'elle reçoit.

La raison pèse, mesure, équilibre, modère; elle est cependant au-dessous de sa réputation, elle est en tout cas peu populaire, et peut-être a-t-elle besoin d'être adoucie dans son expression par un sentiment, pour rendre les services qu'on en attend.

*
* *

Le sentiment est la plus grande puissance de ce monde et la plus persévérante; — devenu passion, elle est une force aveugle

(1) Il faut la posséder pour s'en servir.

prête à tout détruire, sans reculer devant le suicide.

*
* *

Le sentiment est une fée qui vous fait voir les choses en noir ou en rose selon la nature de ce sentiment.

*
* *

La plupart des gens, quand ils entendent énoncer une proposition, n'examinent pas si elle est vraie, mais si elle s'accorde avec leurs croyances, préjugés, et surtout avec leurs opinions politiques. De là l'expression « foi politique ».

Ce n'est qu'après ces influences sentimentales que celle de l'intérêt fait entendre sa voix.

*
* *

Voici sept questions insolubles :

La quadrature du cercle ;

3

Le mouvement perpétuel;

La pierre philosophale;

La question sociale;

La paix universelle;

Le moyen de fermer l'ère des révolutions,

Comment faire des élections intelligentes.

Et ce ne sont pas les seules, car on peut ajouter celle de la meilleure forme du gouvernement, du moyen de concilier l'autorité et la liberté, même la science et la foi, et bien d'autres.

*
* *

Singulière contradiction : tandis qu'en politique on tend vers le selfgovernment et qu'on voudrait généraliser le *referendum*, qui est l'individualisme outré [1] ; on demande de

1. Parce que le plus grand imbécile, l'ignorant, a tout autant d'influence sur le sort de la patrie, que le plus sage des Sages.

plus en plus l'intervention gouvernementale.

*
* *

La théorie doit être neutre, pour être vraie ;
il faut donc la séparer des applications.

Une politique démocratique, une économique chrétienne, une histoire des guerres
puniques écrite par des Romains répondent
peu aux exigences d'une science qui mérite
ce nom.

*
* *

Autre contradiction : au fur et à mesure
que la population augmente, que chaque
hectare doit nourrir plus de bouches et que
la concurrence industrielle devient plus
ardente, les ouvriers demandent de moins
travailler.

Leur nombre, en leur faisant illusion sur
leur force, les rend exigeants, le perfection-
nement croissant de l'outillage les favorise,

les sympathies des uns, l'ambition des autres leur vient en aide, mais il y a des limites à tout.

*
* *

Les trois choses qui paraissent les plus dures au commun des hommes sont: réfléchir, se contenir, agir;

Les trois choses qu'il a le plus de peine à comprendre sont: qu'il puisse avoir tort; qu'il doive à son prochain plus qu'un coup de chapeau; que les affaires ne marchent pas indéfiniment toutes seules.

*
* *

Si l'on appelle *prolétaires* ceux qui n'ont pas de propriété productive, ni rentes, ni terre — donc les hommes qui ne vivent que du produit de leur travail manuel ou intellectuel — alors il y a des prolétaires ayant 10.000, 20.000,

100.000 francs de revenu. Tel médecin et tel avocat gagnent 100.000 francs par an.

*
* *

Les trois agents les plus puissants de la prospérité d'un homme sont: l'intelligence, l'amour du travail et l'économie. Ces agents valent mieux que toutes les organisations artificielles.

*
* *

Les différents points de vue. Pascal a déjà constaté que ce qui est juste d'un côté des Pyrénées pouvait être injuste de l'autre côté, mais ici l'épaisse ligne de séparation peut expliquer bien des choses. On a cependant aussi remarqué que le même homme avait des opinions différentes, selon qu'il était ministre ou membre de l'opposition, les Anglais disent, selon qu'il est *in* (au pouvoir)

50.000, ou *out* (dans l'opposition). Dans un cas on voit l'extérieur du portefeuille, qui est rouge, dans l'autre, l'intérieur qui est blanc.

Peut-on admettre que la différence des points de vue justifie tout? M. Chase, ministre des finances aux E. U., approuve l'émission du papier-monnaie; M. Chase, membre du tribunal suprême, la déclare inconstitutionnelle. Suffit-il d'invoquer la différence des points de vue, pour être justifié? Si oui, quel reproche le volé pourrait-il faire au voleur?

*
* *

Schopenhauer a dit :

Die Anschauungen in unserm Geiste sind die Contanten, die Begriffe die Zettel. (Les observations que nous avons recueillies sont les espèces sonnantes, les concepts que nous formons, les billets).

Quand les observations recueillies sont peu nombreuses, l'esprit humain ressemble à une banque dont l'encaisse ne suffit par pour couvrir les billets.

L'homme qui n'a pas un fond acquis n'en peut rien tirer.

*
* *

La parole sert, non à cacher sa pensée, comme l'a cru Talleyrand, mais à la déguiser.

*
* *

Le mauvais exemple nuit toujours, le bon profite quelquefois.

*
* *

On s'élève plutôt par ses qualités que par ses facultés.

*
* *

La vie, dit-on, est une lutte. Un ensemble de luttes, plutôt. Ainsi le travail, c'est la lutte pour la vie ; le commerce, la lutte pour l'aisance ; la politique, la lutte pour le pouvoir.

*
* *

Que faut-il demander à la fée bienfaisante qui présidera à la naissance de mon fils? demanda un père. Un vieillard expérimenté lui répondit : Si vous demandez pour votre fils l'imagination, il plaira ; si vous demandez la mémoire, il saura ; la volonté, il obtiendra ; la raison, il y verra clair.

*
* *

On nie quelquefois le progrès des mœurs, et l'on soutient que l'énergie sous toutes ses formes gagne en intensité. Or, que nous apprend l'histoire? Henri IV dit : Paris vaut bien une messe ; Henri V refuse le trône de

France... et de Navarre, pour n'avoir pas à changer la couleur de son drapeau.

*
* *

Pourquoi n'y a-t-il pas de principe absolu? Parce que, dans la vie pratique, nous n'appliquons pas le principe — qui est une abstraction, — mais les conséquences que nous en tirons avec plus ou moins de logique.

Les conséquences forment une chaîne qui s'étend plus ou moins en longueur, jusqu'à ce qu'elle rencontre d'autres chaînes, partant d'autres principes et se faisant mutuellement dévier de leur ligne droite.

C'est d'ailleurs heureux, car si l'on voulait ou pouvait briser ces chaînes et aller toujours tout droit devant soi, on arriverait à l'absurde.

Sur notre globe, quand vous allez toujours

tout droit n'importe dans quelle direction, vous tombez à la mer.

*
* *

Le mot *peuple* a deux significations: nation (*populus*), et populace (*plebs*); de même, le mot démocratie peut se définir: 1° égalité devant la loi, 2° domination des couches inférieures.

Méfiez-vous des orateurs qui emploient ces mots de façon à vous laisser dans le doute sur le sens qu'ils leur attribuent.

*
* *

Dura lex, sed lex est du radicalisme;

Summum jus, summa injuria est du libéralisme:

Il en résulte qu'on ne peut pas être « radical-libéral. »

*
* *

Assemblées. D'où vient-il qu'on puisse dire

tant de mal des assemblées, et qu'on a cru pouvoir résumer ainsi l'opinion courante : Si *un* sage vaut mieux qu'*un* imbécile, *un* imbécile vaut mieux que 100 sages RÉUNIS?

Probablement de ceci :

Dans une assemblée politique, la plupart des hommes font volontairement abandon de leur individualité. D'abord, par esprit de parti et les nécessités de la discipline. Puis, il y a le désir de diriger, de satisfaire son ambition ; et, de même qu'on se rend maître des forces de la nature en les traitant conformément à leurs lois, on se rend maître d'un groupe parlementaire en entrant dans ses vues, c'est-à-dire en flattant ses passions, en adoptant ses erreurs et ses préjugés.

Un ambitieux ne doit donc pas devancer la moyenne des opinions du groupe ; or, la moyenne, c'est la médiocrité. Contrairement au proverbe, savoir c'est s'isoler, c'est se rendre impuissant. Du moins en est-il ainsi dans le domaine moral et politique, ce n'est qu'en matière physique que savoir c'est pouvoir.

*
* *

Si les foules sont volontiers cruelles, c'est que la passion seule peut s'y faire écouter, encore doit-elle parler à la passion.

*
* *

L'homme est « ondoyant et divers », mais il ne doit communiquer ce caractère ni à sa morale, ni à sa science.

*
* *

Analogy may be a deceitful guide, dit Darwin (On the origine of species C. XIV. 4). La sagesse des nations l'a su bien avant lui, elle a proclamé que « Comparaison n'est pas raison ». L'esprit contemporain a formulé ainsi cette pensée : le vrai n'est quelquefois pas vraisemblable.

*
* *

L'induction part d'un fait pour en apprécier beaucoup; la déduction part de la synthèse d'une multitude de faits pour en expliquer un seul.

*
* *

Pourquoi les raisonnements, même corrects, exercent-ils si peu d'effet sur le lecteur ou l'auditeur?

Parce que, généralement le raisonnement s'appuie sur des réflexions ou des expériences antérieures que l'auditeur n'a pas faites, ou sur des notions qu'il n'a pas acquises; ou parce que l'auditeur ne se donne pas la peine de le suivre; ou enfin, parce qu'il est dominé par une passion ou un préjugé contraire.

*
* *

Il est des vérités, prétend-on, qui ne sont pas bonnes à dire, mais comment les reconnaître?

A leur caractère, elles sont brutales, c'est-à-dire, purement raisonnables. Contre ces vérités, le sentiment proteste, l'hypocrisie fait chorus, et comme la raison est moins puissante que la passion, elle transigera ou sera honnie.

*
* *

La raison est volontiers tranchante, elle se croit en possession de la vérité absolue; le sentiment prend souvent des allures ondoyantes faute de vues nettes.

*
* *

D'aucuns prétendent que souvent le progrès consiste à reconstruire des choses qu'on avait détruites comme mauvaises.

Ne peut-on pas en conclure que le contradictoire peut être vrai, selon le point de vue auquel on se place? La même pièce de monnaie n'a-t-elle pas une médaille et un revers?

Il n'est donc pas besoin de passer les Pyrénées pour voir *face* se changer en *pile*.

*
* *

Il est des pensées qu'on peut qualifier à la fois de hautes et de profondes, car si elles sont nobles et vraies, elles sont à la fois senties et observées.

*
* *

La vraie théorie est fondée par l'observation, c'est donc un terme synonyme de pratique; il s'ensuit qu'on ne devrait pas pouvoir opposer la théorie à la pratique.

Parfois on n'admet que sa propre pratique

et c'est pour injurier celle des autres qu'on la qualifie de théorie.

*
* *

Nouvelle définition de la conscience : c'est la faculté, pour un homme, de voir la poutre qui est dans ses propres yeux.

*
* *

On peut aussi comparer la théorie à l'exposé des motifs et la pratique au règlement d'administration publique.

*
* *

L'amour et le patriotisme. Il y a ceux qui, lorsqu'ils aiment une femme, veulent la posséder à tout prix, dût-elle en être déshonorée ou malheureuse pour toute sa vie. D'autres comprennent l'amour autrement : c'est pour eux une raison de se sacrifier.

De même pour le patriotisme : on aime la patrie pour soi ou pour elle.

*
* *

Lorsque tant de citoyens dénués de toute fortune concourent au vote de l'impôt, peut-on dire encore que nous ne payons que l'impôt que nous avons voté ?

*
* *

On est censé punir le malfaiteur selon le degré de sa culpabilité subjective (son intention), et pourtant, en fait, on gradue le plus souvent la peine d'après la grandeur du mal effectué (selon le résultat, raison objective).

*
* *

Les forces sociales inconscientes. Un certain nombre d'hommes ont de la volonté et savent ce qu'ils veulent, mais la majorité se laissera guider par les sentiments ou les passions, qui font l'effet des « chemins qui marchent » et sur lequel l'homme, porté par son frêle esquif, se laisse aller au gré du courant.

Il faut un effort pour remonter le courant, comme pour maîtriser ses sentiments, mais il est aussi difficile de vaincre ses passions que de descendre une cataracte en dirigeant son esquif.

*
**

On ne peut diriger les masses qu'en les flattant ; sont-ce des amis, ceux qui vous flattent ?

*
**

Le premier mouvement, dit-on, est généralement le bon — il est produit par le sentiment, il est peut-être impersonnel ; ne doit-on pas en conclure que le premier jugement est généralement une erreur, étant irréfléchi, ou peu motivé?

*
* *

Les observateurs sont généralement pessimistes ; ils ont plus souvent que d'autres l'occasion d'apercevoir le revers de la médaille humaine.

*
* *

Il est souvent bon de soumettre une pensée à l'épreuve de l'écriture. En surgissant dans l'esprit la pensée a parfois encore du vague, en la formulant par écrit on lui donne des contours nets, arrêtés, sans lesquels on ne saurait en apprécier ni la portée, ni le degré de vérité.

*
* *

Le *Radicalisme* applique la logique de

l'idée pure, abstraite, où rien ne gêne les déductions ni ne l'empêche de s'égarer, aussi n'atteint-il presque jamais son but.

Le *Libéralisme* applique la logique des faits; c'est chercher à concilier leurs apparentes contradictions.

L'un s'obstine à vouloir réaliser l'absolu, l'autre se contente d'un succès relatif.

En d'autres termes :

Le radicalisme veut tout ou rien, le libéralisme transige au besoin.

*
* *

Le procédé de l'agitateur ressemble beaucoup à celui de l'acteur : celui-ci traduit sur les planches les faits de la vie privée en chargeant les traits quelquefois jusqu'à la grimace; l'agitateur en use de même pour les faits de la vie publique, pour les choses sociales.

Ni l'un ni l'autre ne donne sa représenta-

tation gratis ; la rémunération qu'ils ob-
tiennent, ou qu'ils espèrent, est en rapport
avec la grandeur de la scène.

*
* *

En politique, lorsque céder ou résister
présentent des inconvénients égaux, il faut
faire son choix et éviter les demi-mesures
qui sont presque toujours un signe de faiblesse ; en tout cas, l'opposition les exploite
comme telles pour hâter la chute du pouvoir. Il vaut mieux tomber avec honneur,
le drapeau à la main.

La transaction n'est bonne que lorsqu'elle
produit une paix durable, certaine ; sinon,
c'est la pire des solutions.

*
* *

Aucune organisation ne reste telle qu'on
la crée, aucune combinaison politique ne

dure au delà d'une certaine période, aucun instrument, aucun mécanisme administratif ou social ne fonctionne bien s'il n'est bien conduit ou dirigé, enfin aucun moyen quelconque ne nous dispense d'être vigilant.

*
* *

Chacun sait que toute action est suivie d'une réaction correspondante, mais on s'imagine volontiers qu'elles seront séparées par le déluge.

*
* *

La vertu est enseignée par la morale et par l'économie politique; l'une parle aux sentiments, l'autre à la raison.

*
* *

Lorsqu'il y a deux opinions sur une question économique, presque toujours l'une est inspirée par la raison, l'autre par un sentiment.

**

Quelle est la différence la plus profonde, la plus caractéristique entre l'état sauvage et l'état civilisé? — *La Prévoyance.*

**

La valeur de la faculté d'observation du commun des hommes ressort des proverbes; le plus souvent les proverbes ne sont que des demi-vérités, vaguement formulées.

Les deux premiers proverbes, dits de Salomon, se contredisent littéralement: Dans le même cas, l'un conseille de répondre et l'autre de se taire.

**

Dans la variété des opinions exprimées

lors d'un vote, laquelle représente « la voix du peuple » ? — C'est celle qui s'accorde avec les vues qu'un orateur est en train de faire valoir à la tribune.

*
* *

Les « déshérités ». — Il n'y a, dans un pays libre, que les idiots et les infirmes qui soient déshérités.

*
* *

L'expérience de la vie peut être définie : la découverte d'un nombre croissant de cas où l'égoïsme prend le masque de l'altruisme.

*
* *

Dans les affaires, ce qui est dû, c'est la justice et non le dévouement. Il est dit : Aime ton prochain *comme* toi-même, et non : *plus* que toi-même. Il faut toujours se méfier de ceux qui exagèrent... les devoirs qu'ils imposent à autrui.

* *

On appelle daltonisme l'incapacité de voir telle couleur ; il y a aussi un daltonisme moral, il empêche de voir telle ou telle vérité.

* *

Défaut reconnu est à moitié corrigé, dit à tort le proverbe. Découvrir la cause d'un mal et trouver le remède est une double tâche souvent trop lourde pour un seul homme, parfois même pour toute une génération. Ne sait-on pas, d'ailleurs, que le mal se manifeste de lui-même, tandis que le remède doit souvent être *cherché* et pendant longtemps ?

Il est un seul cas où il est possible de donner raison au proverbe, c'est quand le défaut se manifeste par des actes. Alors ne pas agir, c'est cesser d'avoir le défaut.

C'est devenu une observation banale que l'homme est plein de contradictions, a-t-on déjà noté celle-ci : Tout en déblatérant contre le parlementarisme et le constitutionnalisme, on discute minutieusement les articles d'une constitution. On trouve donc que ces articles ont ou peuvent avoir de l'importance ?

Et que reproche-t-on au régime constitu-tionnel ? De ne pas marcher tout seul. On espérait que l'équilibre des pouvoirs se maintiendrait tout seul, et l'on voit qu'il faut veiller à l'équilibre pour qu'il ne se dérange pas. Espérait-on donc trouver l'équilibre perpétuel plus facilement que le mouvement perpétuel?

* *

Le libéralisme est proche parent du régime constitutionnel ; c'est également un système d'équilibre, car il s'applique à la pondération des différents droits et des différents devoirs sociaux. L'invention du proverbe : *il faut que tout le monde vive*, a été sans doute la première manifestation du libéralisme.

* *

L'homme a deux poids et deux mesures : il a un poids ou une mesure pour ses propres actes, pour ses droits, qualités ou mérites ; et un autre poids pour les actes, droits, qualités, mérites des autres.

C'est ce que l'Évangile exprime par le mot bien connu que : l'homme voit la paille dans l'œil de son prochain et n'aperçoit pas la poutre qu'il a dans son propre œil.

*
* *

Les vérités les plus connues sont celles qu'on applique le moins, sous prétexte qu'elles sont banales, à la portée de tous. On voudrait avoir des vérités à soi, sous prétexte d'originalité.

*
* *

On a répété à satiété cet axiome : pas de médaille sans revers, cela nous autorise à dire que la médaille *Suffrage universel* a également le sien. Quel est-il ?

Si nous ouvrions une enquête sur ce point, nous recevrions, c'est à craindre, des réponses variées, et nous aurions l'embarras du choix entre plusieurs revers. Tranchons donc la question et citons celui qui nous semble le principal :

L'électeur se croit en droit de voter comme cela lui plaît, car il ne représente, pense-t-il, que lui-même. Eh bien, il se trompe, il représente avant tout le pays. Sa voix peut donner la majorité à Catilina, et Catilina peut jeter le pays dans des catastrophes.

Et le remède ?

Tout mal a-t-il son remède ? Espérons-le et créons une loi qui impose aux lecteurs le devoir, en mettant leur bulletin dans l'urne, de dire :

« En mon âme et conscience, devant Dieu et devant les hommes, j'affirme n'avoir en vue que le bien du pays. En foi de quoi je dépose mon bulletin ».

Combien d'électeurs seraient influencés par ce mode de voter ? Si c'était une forte minorité, cela pourrait être le salut.

Et combien de députés, si on leur demandait un serment professionnel correspondant, l'interpréteraient-ils logiquement ?

* *

Le plus souvent, on n'a que le choix entre deux maux : il est telles exigences, si vous leur résistez, vous êtes écrasé ; si vous leur cédez, vous êtes réduit en esclavage.

* *

Une vieille loi est souvent respectée à raison de sa vieillesse même, elle est entrée dans nos habitudes, dans nos croyances, dans notre sang. Mais souvent aussi une vieille loi est devenue une forme vide, tout le monde a appris à la tourner... en la saluant respectueusement.

* *

Quand une loi, ou une coutume, est devenue une forme tout à fait vide, rend-elle encore le service qu'on lui a demandé à l'origine? C'est douteux. Mais la nouvelle loi qu'on voudrait mettre à la place perdra en prestige ce qu'elle gagnera en efficacité pratique, et on ne sera peut-être pas plus avancé.

*

Lorsque les deux solutions possibles ont chacune des inconvénients spéciaux, si l'on a toujours présent à l'esprit que la solution choisie est imparfaite et qu'elle doit constamment être amendée dans ses détails, on parvient, dans une certaine mesure, à réunir les avantages de l'une et de l'autre, sans trop souffrir des inconvénients. Seulement, la vigilance est une vertu fatigante et ne dure pas.

*

Solidarité. Il n'y a deux sortes de solidarités : celle qui demande vos sacrifices et celle qui offre les siens. La première est très répandue et bruyante, l'autre rare et silencieuse ; tandis que l'une déclame, l'autre agit.

*
* *

Il n'y a pas de droit sans devoir, et *vice versa* : ce sont les deux faces d'une médaille. Le droit est la face, le devoir le revers.

*
* *

Le monde est régi par des forces physiques, la société humaine l'est surtout par des forces morales.

*
* *

La passion est un moteur, la raison un instrument.